## LOCALS' HIDEOUT

30. LE PERCHOIR MARAIS 르 뻬흐슈아 마레 P74
31. LE PERCHOIR 르 뻬흐슈아 P76
32. LES TROIS 8 레 트후와 위뜨 P78
33. HEMINGWAY BAR 헤밍웨이 바 P80
34. CASH ONLY BAR 캐시 온리 바 P82

## BEST BARS & PUBS

35. LES BERTHOM 레 베흐똥 P84
36. KOZLOVNA TYLÁK 코즐로브나 틸락 P86
37. KOLKOVNA OLYMPIA 콜코브나 올림피아 P88
38. POTREFENÁ HUSA PLATNÉŘSKÁ 포트레페나 후사 플랏네르즈스카 P90
39. L'FLEUR MIXOLOGY & CHAMPAGNE BAR 르 플뢰르 바 P92
40. BERNARD PUB ANDĚL 베르나르드 펍 안델 P94
41. SAGER + WILDE 세이저 앤 와일드 P96
42. NOBLE ROT 노블 랏 P98

## LIVE MUSIC BAR

43. LE CAVEAU DES OUBLIETTES 르 까보 데 쥬블리에뜨 P100
44. AU LAPIN AGILE 오 라펭 아질 P102
45. SUNSET SUNSIDE 선셋 선사이드 P104
46. CAFÉ H 카페 아슈 P106
47. JAZZDOCK 재즈독 P108
48. AGHARTA 아가르타 P110
49. U MALÉHO GLENA 우 말레호 글레나 P112
50. JAZZ REPUBLIC 재즈 리퍼블릭 P114

# THEME INDEX.

## HISTORIC BAR
01. BAR HEMINGWAY 헤밍웨이 바 P16
02. LE CAVEAU DE LA HUCHETTE 르 까보 드 라 위셰뜨 P18
03. REDUTA JAZZ CLUB 레두타 재즈 클럽 P20
04. PRATER BIERGARTEN BERLIN 프라터 비어가르텐 베를린 P22
05. THE GEORGE INN 더 조지 인 P24
06. THE DOVE 더 도브 P26
07. YE OLDE MITRE 예 올드 마이터 P28

## BREWERY IN EUROPE
08. MICRO BRASSERIE BALTHAZAR 미크로 브라스리 발타자 P30
09. OEDIPUS BREWING 오이디푸스 브루어리 P32
10. DE BIERFABRIEK 비어파브릭 P34
11. BROUWERIJ 'T IJ 애이 브루어리 P36
12. BROUWERIJ DE PRAEL 프라얼 브루어리 P38
13. BRLO BRWHOUSE 브릴로 브루하우스 P40
14. LONDON FIELDS BREWERY 런던 필즈 브루어리 P42

## GREAT SELECTION
15. LA FINE MOUSSE 라 핀 무스 P44
16. CRAFT & DRAFT 크래프트 앤 드래프트 P46
17. BEERGEEK BAR 비어 기크 바 P48
18. U KUNŠTÁTŮ 우 쿤슈타투 P50
19. MALÝ/VELKÝ 말리 벨키 P52
20. VINÁRNA BOKOVKA 보코브카 P54
21. THE WINEMAKERS CLUB 더 와인메이커스 클럽 P56
22. THE REMEDY WINE BAR & KITCHEN 더 레메디 와인 바 앤 키친 P58
23. THE 10 CASES 더 10 케이스 P60
24. TERROIRS 테루아 P62

## ROOFTOP & GARDEN BAR
25. LA TERRASSE DU RAPHAEL 라파엘 호텔 테라스 바 P64
26. HÔTEL DE L'ABBAYE 아베이 호텔 정원 바 P66
27. LE GEORGES 르 조흐쥬 P68
28. TERRASS" HOTEL ROOFTOP BAR 테라스 호텔 루프톱 바 P70
29. CAFE AM NEUEN SEE BIERGARTEN 카페 암 노이엔 제 비어가르텐 P72

# 50.
# JAZZ REPUBLIC

## 재즈 리퍼블릭

Jilská 1 / 메트로 Můstek 역에서 도보 6분,
메트로, 트램 Národní třída 역에서 도보 8분
월 20:00~12:30, 화 10:30~12:30, 수~일 20:00~12:30

공연이 보이지 않는 곳에 앉으면 입장이 무료인지라 언제나 사람들로 붐빈다. 특히 입구에 가까운 좌석은 드나드는 사람들로 조금은 산만하기도 하지만 연주자가 내뿜는 열기는 변함없이 뜨겁다. 입장료 부담 없이 귀로 즐길 수 있는 라이브 재즈 공연은 이곳이 제격. 위치도 시내 한복판이므로 숙소에 들어가기 전, 가볍게 들러 음료 한 잔과 함께 재즈 음악을 즐겨 보자.

Live Music
Bar
Praha

Live Music Bar

# 49.
## U MALÉHO GLENA

## 우 말레호 글레나

Karmelitská 23/
트램 Malostranské náměstí 역에서 도보 2분
매일 11:00~02:00

낮에는 벨벳 맥주를 마실 수 있는 체코 음식점이지만 밤에는 재즈 클럽으로 변신한다. '관광객을 위한 재즈가 아닌 순수한 재즈'를 지향하는 곳으로, <뉴욕 타임스>에서도 이곳 무대에 서는 로컬 뮤지션들의 수준이 꽤 높다고 평했다. 20명 남짓 앉을 법한 작은 공간이라 뮤지션들의 연주를 바로 눈앞에서 감상하며 그 열기를 생생히 느낄 수 있는 농밀함이 이곳의 매력이다.

Praha — Live Music Bar

Live Music
Bar

# 48.
# AGHARTA

## 아가르타

Železná 16/
메트로, 트램 Staroměstská 역에서 도보 8분
매일 19:00~01:00

체코의 유명한 음반 레이블 회사인 아르타ARTA에서 운영하는 재즈 클럽. 회사 이름 아르타와 유명 재즈 뮤지션 마일스 데이비스의 앨범 <아가타Agharta>를 절묘하게 섞어 이름을 지었다. 연주가 시작되면 14세기에 지어진 자그마한 지하 공간에 진한 재즈의 소울이 퍼져나간다. 프라하에서 가장 대중적이고 활기차며 분위기 좋은 재즈 클럽은 바로 여기.

Praha

Live Music
Bar

Live Music Bar

## 47.
## JAZZDOCK

### 재즈독

nábřeží 2 / 메트로, 트램 Anděl 역에서 도보 12분,
트램 Arbesovo náměstí 역에서 도보 6분
월~목 19:00~04:00, 금/토 15:00~04:00, 일 15:00~24:00

통유리 너머로 낮에는 강변의 풍경이 한눈에 들어오고 밤이 되면 강물에 일렁이는 불빛이 건물을 감싼다. 매일 국적, 장르 불문하고 다양한 재즈 공연이 펼쳐지는데 공연에 따라서는 스탠딩 관람을 해야 할 만큼 인기가 많다. 매달 둘째 주 토요일에는 '그루브 독'이라는 재즈 댄스파티가 열린다.

Live Music
Bar
Praha

Live Music
Bar

# 46.
## Café H

## 카페 아슈

5 Rue du Faubourg Montmartre, 75009/
Grands Boulevard 역에서 도보 1분
월~금 07:00~02:00, 토/일 12:00~02:00

평소에는 평범한 바지만, 매주 수요일에는 재즈 공연장으로 변신한다. 영어권 아티스트가 초대되는 경우가 많아 팝송이 듣고 싶은 현지인들이 조용히 앉아서 있다가 나오기도. 공연 시간은 이른 저녁 6~9시, 게다가 술을 저렴하게 마실 수 있는 해피 아워(17~21시)와 맞물린다. 안주로는 프랑스식 햄과 치즈가 함께 나오는 샤퀴트리가 인기.

Live Music
Bar

Paris

Live Music

Bar

# 45.
## Sunset Sunside

### 선셋 선사이드

60 Rue des Lombards, 75001/
Châtelet 역에서 도보 2분

80년대 파리에 재즈가 인기를 끌며, 파리 롱바르 거리Rue des Lombards에는 재즈 클럽들이 생기기 시작했다. 그중 가장 먼저 문을 연 선셋 선사이드. 겉에서 보면 그냥 테라스가 있는 바 같지만, 지하에는 재즈 클럽, 위층에는 주로 로큰롤 콘서트가 열린다. 월요일과 일요일엔 공연이 무료, 음료 구매 필수. 공연도 보고, 흥에 겨우면 춤도 추고, 파리에서는 클럽이 따로 필요 없다. 홈페이지에서 공연 스케줄을 확인하고 유료 공연은 예약 권장. 저녁 6시 30분부터 현장 구매도 가능하다.

Paris — Live Music Bar

Live Music Bar

# 44.
## Au Lapin Agile

## 오 라팽 아질

22 Rue des Saules, 75018/
Lamarck – Caulaincourt 역에서 도보 4분
화~일 21:00~01:00, 월 휴무

낮에 보면 앙드레 아질이 그린 익살스러운 토끼(프랑스어로 '라팽') 그림이 걸려 있는 예스러운 집일 뿐이다. 그런데 밤 9시, 문이 열리는 순간 피카소가 살았던, 에디트 피아프가 노래했던 몽마르뜨의 황금기가 펼쳐진다. 어둡고 작은 공간에 빙 둘러 앉아, 피아노 선율에 맞춰 가수들의 20~60년대의 샹송을 따라 여기저기서 옛 추억을 떠올리며 떼창하는 분위기. 노래 가사는 몰라도 시작부터 분위기에 흠뻑 취해 물개박수로 환호하고, 시간이 지날수록 무언가에 홀린 듯 빠져든다.

Paris — Live Music Bar

Live Music
Bar

## 43.
## Le Caveau des Oubliettes

### 르 까보 데 쥬블리에뜨

52 Rue Galande, 75005/
Saint-Michel 역에서 도보 2분
수/목/일 17:30~03:00, 금/토 17:30~04:00, 월/화 휴무

노트르담 성당에서 몇 걸음 떨어지지 않은 이곳은 12세기 감옥이었다. 중죄를 지은 사람들이 고문을 당하기도 했던 끔찍한 장소는 이제 악기 소리가 흥겹게 울려 퍼지는 라이브 바로 변신. 중세 시대 감옥에서 즐기는 콘서트라니, 지하 공연장으로 내려가는 계단부터가 섬뜩하다. 요일에 따라 재즈, 블루스, 펑키 음악 등 다양한 종류의 콘서트가 좁은 지하 공연장을 달군다. 보통 공연은 오후 9시 30분에 시작한다.

Paris

Live Music
Bar

Live Music

Bar

# 42.
## Noble Rot

# 노블 랏

51 Lamb's Conduit St, Wc1n 3nb/
Russell Square 역에서 도보 7분
월~토 12:00~23:00, 일 휴무

런던에서 가장 예쁜 거리 중 하나로 꼽히는 램스 컨두잇 스트리트에 자리한 노블 랏은 런던 와인애호가들의 발길이 끊이지 않는 곳. 맛있지만 잘 알려지지 않은 보석 같은 와인들을 갖춰, 2016년과 2017년 내셔널 레스토랑 어워드에서 '올해의 와인 리스트 상'을 수상하기도 했다. 음식은 바 메뉴와 런치 세트 메뉴를 별도로 운영한다.

London

Best Bars & Pubs

Best Bars & Pubs

# 41.
## Sager + Wilde

## 세이저 앤 와일드

193 Hackney Rd, E2 8jl / Hoxton 역에서 도보 5분
월~수 17:00~24:00, 목/금 17:00~01:00,
토 12:00~01:00, 일 12:00~24:00

2013년 첫 오픈 직후부터 와인 전문가들에게 매우 좋은 평가를 받고 있는 곳이다. A4용지에 프린트한 두툼한 와인 리스트에서 주인장의 내공이 느껴진다. 입고 상황에 따라 와인 리스트가 매일 바뀌며 글라스 단위로 주문할 수 있는 와인도 30가지 이상이다. 가격이 비싸지 않고 £10 미만의 간단한 음식 메뉴가 잘 구성돼 있어 캐주얼하게 와인을 즐기기 좋은 장소다.

Best Bars & Pubs

# 40.
# BERNARD PUB ANDĚL

## 베르나르드 펍 안델

Radlická 22 / 메트로, 트램 Anděl 역에서 도보 5분
월~목 11:00~24:00, 금 11:00~01:00,
토 11:30~01:00, 일 11:30~23:00

16세기에 만들어진 양조장을 매입해 1991년부터 가족 경영 양조장으로 시작했던 베르나르드는 이제 중소형 규모 양조장의 최강자가 되었다. 매년 전 세계 맥주의 최강자를 가리는 '월드 비어 어워즈'에서 라거, 페어 에일 등 다양한 부문에서 1등을 기록하고 있다. 독자적인 기술로 저온살균을 거치지 않고도 병맥주를 생산하는 점이 다른 브랜드와의 또 다른 차별점. 시내에 베르나르드 직영 펍이 6개가 있는데 그중, 안델 지점이 접근성이 좋다.

Best Bars
& Pubs

Praha

Best Bars & Pubs

# 39.
## L'FLEUR MIXOLOGY & CHAMPAGNE BAR

### 르 플뢰르 바

V Kolkovně 5/
트램 Dlouhá třída역에서 도보 8분
매일 18:00~03:00

구석에 걸린 무하의 작품과 돔 페리뇽 수도사의 조각상은 이곳이 프랑스에서 영감을 받은 칵테일 바라는 사실을 알려준다. 음료를 루브르 박물관의 전시 구성처럼 '이집트 유물', '그리스 로마 시대 조각', '13~19세기 회화' 등으로 분류해 놓은 메뉴판이 웃음을 자아낸다. 전 세계 믹솔로지 대회에서 수상한 바텐더들이 대거 포진해 있는 바답게 칵테일은 맛도, 향도, 비주얼도 환상적. 자신들만의 철학으로 엄선한 프랑스산 샴페인도 다양하게 갖춰 놓고 있다.

Best Bars & Pubs

## 38.
## POTREFENÁ HUSA PLATNÉŘSKÁ

## 포트레페나 후사 플랏네르즈스카

Platnéřská 9/
메트로, 트램 Staroměstská역 도보 3분
월~토 11:00-24:00, 일 12:00~23:00

1869년부터 프라하 시내 스미호프에서 생산되는 프라하의 자존심, 스타로프라멘에서 직영하는 맥주 전문 체인점으로 시내에 여러 지점이 있다. 콜코브나가 전통과 역사를 중시하는 인테리어 콘셉트를 가지고 있다면 후사는 젊고 모던한 분위기를 선보인다. 음식도 깔끔하고 정갈한 스타일. 한국 관광객에게 잘 알려진 부드러운 벨벳 맥주도 스타로프라멘에서 생산하는 것으로, 프라하 전역에서 벨벳 맥주가 가장 까다롭게 관리되고 신선한 곳도 이곳이다.

# 37.
# KOLKOVNA OLYMPIA

## 콜코브나 올림피아

Vítězná 7/
트램 Újezd 역에서 도보 2분
매일 11:00~24:00

1903년부터 이 자리에 있었던 레스토랑을 2003년에 필스너 우르켈이 인수해 새로이 열었다. 관광지에서 접근성이 좋은 콜코브나 체인점 중에서 올리피아 지점이 가장 한적하고 평이 좋다. 필스너 우르켈의 역사를 기리는 인테리어로 꾸며진 곳에서 체코 최고의 맥주 바텐더들이 따르는 필스너 우르켈을 맛보자. 진한 황금빛의 컬러, 세밀한 거품, 쌉싸름하고 강하면서도 균형 잡힌 맛. 필스너 우르켈을 따라올 라거가 또 있을까.

# Best Bars & Pubs

# 36.
# KOZLOVNA TYLÁK

## 코즐로브나 틸락

Bělehradská 110/
메트로, 트램 I.P. Pavlova역 도보 3분
월~금 11:00~24:00, 토 11:30~24:00, 일 11:30~23:00

전 세계적으로 가장 많이 팔리는 체코 맥주는 놀랍게도 필스너 우르켈이 아니라 바로 코젤. 흑맥주의 씁쓸함을 즐기지 않는 사람도 그 향긋한 커피과 캐러멜 향의 달콤함 덕분에 쉽게 마실 수 있다. 시내 곳곳의 코즐로브나 지점 중 이곳이 비교적 여유로워 시원한 통유리 밖으로 지나가는 사람들과 트램을 바라보며 '낮맥' 하기에 좋다. 코젤을 그냥 먹는 것도 좋지만 라거와 반씩 섞어 먹는 르제자네 스타일로 먹으면 그 향을 더욱 선명하게 느낄 수 있으니 시도해 보자.

Best Bars & Pubs

## 35.
## Les Berthom

**레 베흐똥**

35 Boulevard Voltaire, 75011/
Oberkampf 역에서 도보 1분
화~토 17:00~02:00, 일/월 17:00~01:00

트렌드에 따라 최근에 문을 연 다른 수제 맥주점과 달리 1994년 문을 열어 현재까지 프랑스에만 열 개가 넘는 체인점이 있다. 그중 파리 지점이 가장 마지막인 2018년 오픈했다. 바에 가서 직접 주문하는 방식이 아니라 서빙하는 점원이 따로 있어 주문하기는 더 편하지만 '동네 바'에서만 느낄 수 있는 정겨움은 덜하다. 넓은 내부, 테라스 자리도 많고 메뉴의 선택폭도 넓다. 생 마르땅 운하와 가깝고, 주변 지역은 레스토랑과 바들이 많아 하루 종일 활기가 넘친다.

Best Bars & Pubs

## 34.
## CASH ONLY BAR

### 캐시 온리 바

Liliová 3/
트램 Karlovy lázně 역에서 도보 4분
화~토 06:00~02:00, 일 06:00~01:00, 월 휴무

헤밍웨이 바의 스핀오프 격이라고 해야겠다. 헤밍웨이 바와 운영 주체가 같고 몇 가지 메뉴를 공유하지만, 분위기는 전혀 딴판. 이곳은 팝콘과 핫도그를 파는, 캐주얼하고 젊은 곳이다. 같은 곳에서 운영하는 바를 두 개나 소개한 것은 두 군데 모두 손꼽히는 핫 플레이스이기 때문. 메뉴는 시즌마다 교체되는데 다들 신선하고 도발적인 모양새와 이름이 특징이다. 유일한 단점이라면 이름에서 알 수 있듯 카드 사용이 안 된다는 것. 현금만 받는 이곳의 시그니처 칵테일은 거품 위에 달러 통화 기호가 찍힌 '멕시칸 달러'이다.

Locals' Hideout

# 33.
# HEMINGWAY BAR

## 헤밍웨이 바

Karolíny světlé 26 / 트램 Karlovy Lázně역에서 도보 1분
월~목 17:00~01:00, 금 17:00~02:00,
토 19:00~02:00, 일 19:00~01:00

애주가였으며 칵테일과 관련한 수많은 어록을 남긴 어니스트 헤밍웨이인 만큼 헤밍웨이의 이름을 딴 칵테일 바가 전 세계에 수두룩할 터. 그러나 이 헤밍웨이 바는 그저 그런 또 하나의 바가 아니라 프라하 최고의 칵테일바로, 매일 수많은 로컬들이 찾는다. 여기서는 꼭 바 석에 앉아 보자. 체코를 대표하는 실력 있는 바텐더들이 화려하고도 세련된 손길로 칵테일 한 잔을 창조해 내는 모습을 보는 것은 크나큰 즐거움이다. 베헤로브카를 활용한 '베헤 버터 사워'가 유명하며 다양한 압생트도 갖추고 있다. 워낙 로컬에게 인기가 많아 예약을 하는 것이 좋다.

Praha

Locals' Hideout

Locals' Hideout

## 32.
## Les Trois 8

### 레 트후와 위뜨

11 Rue Victor Letalle, 75020/
Ménilmontant 역에서 도보 3분
화~토 17:00~02:00, 일/월 17:00~24:00

동네 사람들만 지나다니는 지극히 사적인 장소, 내부는 산속의 샬레 같은 아늑한 분위기. 동네에서는 내추럴 와인을 마실 수 있는 곳으로 꽤 인기다. 2013년 수제 맥주도 함께 시작하면서 두 가지 모두로 꽤 인정받는 곳. 맥주 종류는 여덟 가지, 2~3일마다 종류가 조금씩 바뀐다. 딱 봐도 타투에 관심이 많은 주인아저씨의 바쁜 손놀림이 터프해 보이지만 알고 보면 츤데레 스타일. 좁은 내부에 비해 손님이 항상 넘쳐나 바깥 골목을 테라스 삼아 마시는 쿨한 분위기다.

Paris

Locals'
Hideout

Locals' Hideout

# 31.
## Le Perchoir

## 르 뻬흐슈아

14 Rue Crepin du Gast, 75011/
Rue Saint-Maur 역에서 도보 5분
월~목 18:00~01:30, 금/토 16:00~01:30,
일 14:00~22:00(예약 불가)

르 뻬흐슈아 마레가 화려한 뷰와 파리 중심이라는 위치가 매력이라면, 11구에 위치한 르 뻬흐슈아는 우리집 옥상 같은 편안함과 관광지에서 비껴난 위치가 또 다른 끌림을 준다. 르 뻬흐슈아 마레와 마찬가지로 간판이 없는 입구에는 늘 줄이 서 있고, 옥상 위에 도착하면 기막힌 뷰가 펼쳐진다. 멀리 사크레쾨르 성당과 평범한 주거 지역들이 내려다보여 현지인들 사이에서는 더 인기다.

Paris

Locals'
Hideout

Locals' Hideout

# 30.
## Le Perchoir Marais

## 르 뻬흐슈아 마레

33 Rue de la Verrerie, 75004/
Hôtel de Ville 역에서 도보 2분
월~토 20:15~01:30, 일 19:45~01:30
(동절기 일~화 휴무, 예약 불가)

파리 시청 바로 옆, 에펠탑이 보이는 캐주얼한 루프톱 바. 현지인들이 주 고객인 베아슈베BHV 쇼핑몰 옥상에 있는 이 바의 존재는 아는 사람이 귀띔해 주지 않으면 알 수 없다. 입구는 쇼핑몰 뒤편, 간판은 따로 없지만, 항상 줄이 길어 헤매지 않아도 된다. 엘리베이터를 타고 옥상에 도착하자마자 드는 생각은 '이 좋은 곳을 왜 이제 왔나'. 바에 가서 음료를 시키고 직접 받아오는 셀프서비스 시스템. 가장 먼저 에펠탑이 눈에 띄지만, 바로 앞에 보이는 시청 지붕이 이렇게 웅장할 줄은.

Paris　　　　　　　　　　Locals' Hideout

#

Locals' Hideout

## 29.
## Cafe am Neuen See Biergarten

### 카페 암 노이엔 제 비어가르텐

Lichtensteinallee 2, 10787/
버스 Aderauer-Stiftung 역에서 도보 7분
매일 09:00~24:00

티어가르텐 내 멋진 호수 뷰를 가진 대형 비어가르텐이다. 해가 나는 날이면 파라다이스가 따로 없을 정도로 현지인과 관광객 모두에게 큰 즐거움을 주는 곳이다. 여름에는 해가 늦게 지니 점심은 물론 저녁나절 안주와 함께 시원한 맥주를 즐기기에 제격인 곳이다. 접근성이 좋을뿐더러 근처에 호수가 있어 도심 속에 이런 곳이 있다는 것이 믿기지 않을 정도로 경치가 좋다. 호수에서는 30분 단위로 배도 빌려 탈 수 있다. 비어가르텐은 대개 주문하는 곳이 따로 있어 맥주와 안주를 골라 계산하고 난 후 그것을 직접 자리에 가지고 와서 먹는 시스템이다.

Berlin     Rooftop & Garden Bar

Rooftop
& Garden Bar

# 28.
## Terrass" Hotel Rooftop bar

## 테라스 호텔 루프톱 바

12-14 Rue Joseph de Maistre 75018/
Blanche 역에서 도보 6분
매일 15:30~24:00

몽마르뜨 언덕 밑 자락 4성급 호텔 7층 옥상에 위치, 에펠탑 포함 파리 시내 전체가 한눈에 들어오는 전망을 자랑한다. 여름에는 탁 트인 테라스가 고급스러운 분위기, 겨울에는 유리로 덮어 캐주얼하면서도 아늑하다. 계절에 구애받지 않고 오후 3시부터 예약 없이 이용할 수 있어 편리. 간단한 안줏거리도 있어 오래 머물기도 좋다. 조금 깐깐하게 굴자면, 칵테일 맛이 훌륭하지는 않은 편. 하지만 가격과 분위기, 전망까지 따지면 가 볼 만한 가치가 충분히 있다.

Paris

Rooftop
& Garden Bar

Rooftop
& Garden Bar

# 27.
# Le Georges

## 르 조흐쥬

Palais Beaubourg, Place Georges Pompidou, 75004/
Rambuteau 역에서 도보 2분
수~월 12:00~23:30, 화 휴무

르 조흐쥬에서 노트르담 성당과 에펠탑을 바라보며 마시는 칵테일 한 잔. 테이블마다 꽂혀 있는 빨간 장미 한 송이가 매혹적인 분위기를 더해준다. 주로 예술가들이나, 예술에 조예가 깊은 사람들이 특별 전시회 관람을 목적으로 찾는 퐁피두 현대 미술관 옥상에 자리하다 보니, 전시회보다 관심을 덜 받고 있는 것 같아 안타까운 곳. 밖에서도 훤히 보이는 야외 테라스보다 실내 통유리를 통해 보이는 뷰가 훨씬 멋지다는 사실을 아마 모르기 때문일지도.

Paris

Rooftop
& Garden Bar

Rooftop
& Garden Bar

# 26.
## Hôtel de l'Abbaye

### 아베이 호텔 정원 바

10 Rue Cassette, 75006/
Saint-Sulpice 역에서 도보 2분
매일 07:00~23:30

넝쿨이 기교를 부리며 올라탄 오래된 벽, 조그마한 분수대에서 '졸졸졸' 흐르는 물소리가 리드미컬한 신비로운 느낌의 안뜰. 마치 잡지에서나 본 듯, 파리 느낌 짙은 이 공간은 4성급 작은 호텔 안에 들어가야만 발견할 수 있다. 날씨 좋은 날은 녹음이 푸르른 안뜰, 비가 오면 유리로 천장까지 덮인 실내 테라스, 고풍스러운 로비까지 모두 편안한 느낌. 현지인들도 잘 모르는 곳이라 호텔 투숙객이 아니고서는 거의 이용하지 않아 언제나 조용해서 좋다.

Paris

Rooftop
& Garden Bar

Rooftop
& Garden Bar

## 25.
## La Terrasse du Raphael

### 라파엘 호텔 테라스 바

17 Aveneu Kléber, 75116/
Charles de Gaulle Étoile 역에서 도보 2분
5~9월 매일 12:00~22:00(예약 권장)

1년 365일 붐비지 않는 날이 없는 에펠탑과 개선문을 고즈넉하게 바라볼 수 있는 프라이빗한 장소. 개선문에서 불과 몇 발자국 거리의 스몰 럭셔리 호텔 옥상에 위치한 아담한 테라스에서는 이 두 명소가 모두 보인다. 소수의 투숙객을 위한 지극히 사적인 공간 같지만, 비 투숙객들도 전화 혹은 홈페이지 예약을 통해 이용 가능. 볕 좋은 낮, 파란 하늘 아래서 에펠탑을 바라보며 마시는 칵테일 한 잔, 개선문의 옆태는 어찌나 아름다운지.

Paris

Rooftop
& Garden Bar

Rooftop
& Garden Bar

## 24.
## Terroirs

# 테루아

5 William lv St, Wc2n 4dn/
Charing Cross 역에서 도보 1분
월~수 12:00~22:00, 목~토 12:00~23:00, 일 휴무

트라팔가 광장에서 멀지 않은 곳에 자리한 와인 바이자 비스트로 테루아는 유기농이나 바이오 다이내믹 방식으로 생산한 와인을 많이 갖춘 곳이다. 대형 브랜드보다는 소규모 생산자들이 손수 생산하고 양조 과정에서도 화학적 방식을 자제한 와인들을 다양하게 만날 수 있다. 새로운 와인을 맛보는 시음 행사가 자주 열리며, 와인과 함께하기 좋은 스몰 플레이트 메뉴를 주기적으로 바꿔 선보인다.

London

Great
Selection

Great Selection

# 23.
# The 10 Cases

## 더 10 케이스

16 Endell St, Wc2h 9bd/
Covent Garden 역에서 도보 2분
월~목 12:00~15:00, 17:00~23:00, 금/토 12:00~23:00, 일 휴무

코벤트 가든에서 멀지 않은 곳에 자리한 와인 비스트로. 와인 가격이 합리적이고 직원들이 친절해 좋은 평가를 받고 있다. 이름처럼 한 가지 와인을 10개의 케이스만 입고해 판매하며 다 팔린 뒤엔 재입고하지 않고 다른 와인을 소개하는 식으로 와인 리스트가 계속 바뀐다. 격식을 차리지 않은 편안한 분위기로 테라스 석이 특히 인기. 지하에는 와인 셀러와 함께 프라이빗 다이닝 공간을 갖추고 있다.

London

Great Selection

Great Selection

## 22.
## The Remedy wine BAR & Kitchen

### 더 레메디 와인 바 앤 키친

124 Cleveland St, Fitzrovia, W1t 6pg/
Great Portland Street 역에서 도보 1분
월~토 16:00~24:00, 일 휴무

'치료'라는 뜻의 이름에는 한 잔의 좋은 와인과 음식으로 힐링을 할 수 있다는 의미를 담았다. 역시 이름처럼 아늑하고 정감 있는 공간. 작은 와인 바지만 결코 적지 않은 와인 리스트를 갖추고 있다. 150가지에서 200가지의 와인을 선보이는데 전 세계 와인을 소개하며, 특히 포도 껍질과 장시간 접촉하고 자연 효모로 발효한 '오렌지 와인'을 10여 종 이상 갖추고 있다. 음식은 타파스처럼 여러가지 단품 메뉴가 제공된다.

Great Selection

## 21.
## The Winemakers Club

### 더 와인메이커스 클럽

41a Farringdon St, Ec4a 4an/
St. Paul's 역에서 도보 8분
월~금 11:00~23:00, 토 17:00~23:00, 일 휴무

와인 숍이자 바인 이곳은 150년 이상 와인 저장고로 사용되던 장소. 와인메이커스 클럽은 2014년 오픈했는데 역사적 분위기는 고스란히 간직하고 있다. 여러 와인생산자들의 와인을 직접 수입해 소개하며, 오가닉 와인이 많고 대부분 잘 알려지지 않은 소규모 와이너리들. 생산지의 개성을 잘 드러내는 와인이 많아 새로운 와인을 발견하고 싶어 하는 와인 애호가들이 즐겨 찾는다. 낮에는 시음 행사를 열거나 와인 판매를 하고 저녁에는 운치 있는 다이닝 공간으로 변신한다.

London

Great Selection

Great Selection

# 20.
# VINÁRNA BOKOVKA

## 보코브카

Dlouhá 37/
트램 Dlouhá třída역 도보 2분
월~금 17:00~01:00, 토 15:00~01:00, 일 휴무

들로우하 거리와 어울리지 않는 어수선한 건물의 중정을 지나면 허름한 동굴에 수십 병의 와인이 늘어서 있는 별난 공간이 나온다. 비밀 파티가 열리는 듯 은밀하고도 세련된 분위기. 주로 체코, 조지아 등 제3세계 와인을 갖춰놓고 있으며 매일 종류가 바뀌므로 별도의 메뉴판이 없다. 와인을 잔으로 먹고 싶을 경우, 한가운데 있는 바에서 원하는 취향의 와인을 말하면 직원이 추천해 준다. 쉽게 접할 수 없는 특이한 치즈를 비롯해 약 40여 종이나 되는 치즈도 갖춰 놓았다.

Praha

Great Selection

Great Selection

# 19.
# MALÝ/VELKÝ

## 말리 벨키

Mikovcova 4/
메트로, 트램 I.P. Pavlova 역에서 도보 2분
월-토 16:00-02:00, 일 휴무

체코어로 '작은, 큰'을 의미하는 말리 벨키는 자체 양조장인 팔콘Falkon의 맥주와 실험적이고 독립적인 소규모 양조장들의 맥주를 취급하는 곳이다(여기서 작고 큰 것은 당연히 맥주 크기를 의미한다). 주로 체코 맥주를 취급하지만 스칸디나비아 지역과 벨기에 등 기타 유럽 지역의 맥주도 커버한다. 참신하고 신기한 컬렉션이 당신의 음주욕을 도발할 것이니, 아직 맥주에 목마른 당신 이곳으로 오라.

Praha

Great Selection

Great Selection

## 18.
## U KUNŠTÁTŮ

우 쿤슈타투

Řetězová 3 / 메트로, 트램 Staroměstská 역 도보 7분,
트램 Karlovy lázně 역 도보 5분
매일 14:00~23:00

소규모 양조장의 로컬 맥주만을 전문적으로 취급하는 곳으로, 한정판 맥주를 구비해 놓는 일도 게을리하지 않는 등 '열일하는' 맥주 바. 관광지 한복판에 위치해 있으며 추운 날에는 12세기에 지어진 로마네스크 양식의 지하실에서, 따뜻한 날에는 야외 비어 가든에서 맥주를 즐기면 되니 이래저래 맥주 먹기 참 좋은 곳이다. 맥주 샘플러를 주문하면 6가지의 다양한 추천 맥주를 맛볼 수 있다.

Great Selection

Great Selection

# 17.
# BEERGEEK BAR

## 비어 기크 바

Vinohradská 62/
메트로, 트램 Jiřího z Poděbrad 역 도보 1분
매일 15:00~02:00

프라하에서 가장 큰 크래프트 맥주 펍으로 무려 32개나 되는 맥주 탭을 가지고 있으며 체코 맥주뿐 아니라 러시아, 벨기에 등의 다양한 크래프트 맥주를 맛볼 수 있는 맥주 덕후들의 성지. 그날의 생맥주는 바에 있는 전광판을 보고 주문한다. 이곳의 직원들은 여기서 파는 맥주 모두 평범한 맥주 한 잔이 아니라 만드는 이들의 신념과 취향이 담겼다고 믿는다. 코리안 스타일 치킨 윙은 양념치킨과 제법 비슷하다.

Praha

Great
Selection

Great Selection

# 16.
## CRAFT & DRAFT

### 크래프트 앤 드래프트

Overtoom 417/
트램 Rhijnvis Feithstraat 역에서 도보 1분
일~목 14:00~24:00, 금/토 14:00~02:00

무려 40개의 드래프트 탭으로 제공되는 세계 각국의 맥주를 맛볼 수 있다. 보틀숍도 함께 운영하고 있으며, 이곳에서 맛볼 수 있는 맥주가 100가지가 넘는다고.

Amsterdam

Great Selection

Great Selection

## 15.
## La Fine Mousse

# 라 핀 무스

6 Avenue Jean Aicard, 75011/
Ménilmontant 역에서 도보 5분
매일 17:00~02:00

파리에 수제 맥주의 열풍이 일어난 건 2012년 라 핀 무스가 등장하면서부터다. 차도 사람도 잘 다니지 않는 골목길에 유난히도 많은 사람들이 서서 맥주잔 하나씩 든 채 왁자지껄한 분위기를 연출한다. 전 세계 소규모 양조장에서 온 20가지 수제 맥주에 번호가 매겨져 있어 주문은 어렵지 않다. 1~6번은 클래식한 가벼운 맥주, 뒤로 갈수록 도수가 높아지고 17번부터는 구하기 힘든 것들. 맞은편 La Fine Mousse 레스토랑에서는 맥주와 잘 어울리는 식사를 할 수 있다.

Great Selection

## 14.
## London Fields Brewery

### 런던 필즈 브루어리

365-366 Warburton St, E8 3RR/
London Fields 역에서 도보 4분
목 17:00~24:00, 금 16:00~24:00, 토/일 15:00-24:00, 월~수 휴무

2011년 문을 연 맥주 양조장, 런던 필즈 브루어리는 외부 그래피티 아트가 강렬한 인상을 주는 건물. 투어 프로그램이 있을 때를 제외하곤 양조장을 공개하지 않는데, 대신 바로 근처에 있는 더 탭룸The Taproom에서 런던 필즈 브루어리의 맥주를 맛볼 수 있다. 이곳은 목요일부터 일요일까지 문을 여는 펍으로 '해크니 홉스터Hackney Hopster', '브로드웨이 보스Broadway Boss' 등 지역색이 묻어나는 맥주 이름이 재미있다. 종종 라이브 공연과 다양한 이벤트가 열린다.

Brewery in Europe

# 13.
# BRLO Brwhouse

## 브릴로 브루하우스

Schöneberger Str. 16, 10963/
U반 Gleisdreieck 역에서 도보 2분
화~금 14:00~22:00, 토/일 12:00~22:00, 월 휴무

브릴로는 베를린 쉐네백 지역의 신생 맥주기업(Berliner Craft-Beer-Startup)이다. 시크한 블랙 컨테이너 건물로 들어서면 높은 천정과 크고 감각 있는 조명시설을 만날 수 있다. 양조장이 내려다보이는 바와 왼쪽에는 주방이 있고 그 위에는 더 많은 좌석이 있다. 여름에는 너른 공원이 내다보이는 야외 좌석이 좋다. 신선하고 질 좋은 맥주 맛은 기본, 곁들이는 음식에도 정성을 많이 들였다. 낮과 밤을 가리지 않고 날씨가 좋은 날에는 앉을 자리가 없을 정도로 인기가 좋다. 채소는 마크트할레노인Markhalle9과 실내 정원 콘테이너에서 조달하며 독일의 가까운 지역 농장에서의 축산물과 닭들을 공수해 정직한 맛과 신선함을 자랑한다. 매주 수요일과 토요일에는 양조장 투어도 진행된다.

Berlin

Brewery in Europe

# 12.
# BROUWERIJ DE PRAEL

## 프라얼 브루어리

브루어리 Oudezijds Voorburgwal 30,
테이스팅 룸 Oudezijds Armsteeg 26 / 중앙역에서 도보 4분
브루어리 투어 월~금 13:00~18:00, 토 13:00~17:00,
일 14:00~17:00(테이스팅 룸 월~수 12:00~24:00,
목~토 12:00~01:00, 일 12:00~23:00)

홍등가 근처 운하에 있는 브루어리로 본래 독일에서 수입한 맥주를 하역하는 부두였다. 주원료인 홉과 그레인은 직접 재배하며, 소외된 사람들의 사회 진출을 돕는 착한 기업으로 알려져 있다. 브루어리 투어와 시음, 운하 크루즈가 포함된 보트투어와 수제맥주 담그기 워크숍 등의 흥미로운 프로그램을 진행한다.

# 11.
## BROUWERIJ 'T IJ

### 애이 브루어리

Funenkade 7/
트램 Hoogte Kadijk 역에서 도보 3분
매일 12:00~20:00(브루어리 투어 금~일 15:30)

암스테르담에 소규모 브루어리 돌풍을 불러온 주인공. 브루어리의 첫 작품인 자테Zatte를 포함한 7개의 맥주와 시즌에 따라 변경되는 시즈널 맥주가 탭으로 준비되어 있다. 소규모 그룹으로 진행되는 브루어리 투어는 브루어리의 시작과 역사, 제조 과정을 알 수 있어 흥미롭다.

Amsterdam

Brewery in Europe

# 10.
# DE BIERFABRIEK

## 비어파브릭

Nes 67 / 트램, 지하철, 버스를 타고 Rokin 역에서 하차, 도보 2분
월~수 15:00~00:00, 목 15:00~01:00, 금 15:00~02:00,
토 13:00~02:00, 일 13:00~24:00

세 가지 맥주를 제조하고 판매하는 마이크로 브루어리로 담 광장 근처에 있다. 맥주 탭이 달린 테이블과 무한 리필 땅콩 같은 재미있는 아이디어로 인기를 끌고 있다. 특히 땅콩은 양껏 가져다 먹고 껍질은 바닥에 버리면 되는데 그 재미가 쏠쏠하다. 강력 추천하는 안주는 바비큐 치킨. 불맛을 가득 품은 부드럽고 촉촉한 치킨은 감탄을 자아낸다.

# 09.
# OEDIPUS BREWING

## 오이디푸스 브루어리

Gedempt Hamerkanaal 85/
버스 Hamerstraat 역에서 도보 4분
목 17:00~22:00, 금~토 14:00~24:00,
일 14:00~22:00, 월~수 휴무

맥주를 사랑하는 4명의 청년이 의기투합해 만든 브루어리. 암스테르담 북부에 문을 연 브루어리 겸 탭 룸에선 12개의 탭에서 뽑혀 나오는 신선한 맥주를 맛보거나 병맥주를 구입할 수 있다. 알록달록 펑키한 디자인의 맥주병이 수집 욕구를 자극할 정도로 예쁘다.

Amsterdam

Brewery in Europe

## 08.
## Micro Brasserie Balthazar

### 미크로 브라스리 발타자

90 Boulevard de Ménilmontant, 75020/
Ménilmontant 역에서 도보 3분
화~토 17:00~01:30, 일 17:00~24:00, 월 휴무

이른 저녁부터 파리지앵들로 인산인해를 이루는 테라스 바가 가득한 메닐몽땅 가에 위치해 있다. 현지인들의 분위기를 한껏 느끼기 좋은 장소. 소규모 양조장에서 보급받는 맥주의 맛은 훌륭하고, 자체 생산 맥주인 발타자Balthazar 역시 맛과 향이 부드럽다. 맥주를 마시지 않는 사람들을 위해 준비한 진저 비어Ginger Beer와 요즘 유럽에서 핫한 발효탄산차인 꼼부차Kombucha는 모두 홈메이드. 12.5ml 잔에 나오는 다섯 가지 혹은 아홉 가지 수제 맥주를 맛볼 수 있는 걀로빵Gallopains을 추천한다.

Brewery in Europe

# 07.
## Ye Olde Mitre

## 예 올드 마이터

1 Ely Pl, Ec1n 6sj/
Chancery Lane 역에서 도보 4분
월~금 11:00~23:00

간판을 따라 골목 안으로 들어가면서도 긴가민가하게 될 만큼, 건물 속 깊숙이 숨어 있는 펍이다. 이곳은 1546년 처음 지어져 1782년에 규모를 확장했다. 맥주뿐 아니라 20가지의 와인을 갖추고 있는데 모두 글라스 단위로도 판매하는 것이 특징. 파이처럼 간단히 먹을 수 있는 영국 음식을 판매하니 이 역사적인 펍에서 에일과 함께 고기파이를 주문해 보는 것도 좋겠다.

London    Historic Bar

Historic Bar

## 06.
## The Dove

# 더 도브

19 Upper Mall, Hammersmith/
Ravenscourt Park 역에서 도보 7분
월~토 11:00~23:00, 일 12:00~22:30

해머스미스 지역에 자리한 더 도브는 18세기 초에 오픈한 펍. 17세기에 세워진 이곳은 그동안 많은 위대한 인물들이 시간을 보낸 곳인데 시인이자 극작가였던 제임스 톰슨이 이곳에서 <브리타니아여, 통치하라 Rule Britannia>를 썼고 이 시는 이후 영국 비공식 국가의 가사가 되었다. 1796년 이후로 영국의 에일 회사 풀러스가 소유하고 있으며, 실내는 클래식한 레스토랑 분위기를 갖췄다.

London

Historic
Bar

Historic Bar

## 05.
## The George Inn

# 더 조지 인

The George Inn Yard, 77 Borough High St/
London Bridge 역에서 도보 1분
월~토 11:00~23:00, 일 12:00~22:30

런던 브리지와 버로우 마켓 근처에 자리한 더 조지 인은 중세 시대에 처음 지어졌고 이후 화재로 소실된 뒤 재건되었다. 펍의 간판을 따라 들어가면 펼쳐지는 야외 마당은 과거 연극 공연을 하던 곳으로 알려져 있으며, 셰익스피어는 런던에서 집필 활동을 하던 시기에 이곳을 자주 방문했다고 한다. 현재 영국 문화자산 보호를 맡고 있는 내셔널트러스트가 이곳을 직접 관리하고 있다.

Historic Bar

# 04.
## Prater Biergarten Berlin

## 프라터 비어가르텐 베를린

Kastanienallee 7-9/
U반 Eberswalder Str. 역에서 도보 3분
월~토 18:00~24:00, 일 12:00~24:00(동절기 휴무)

1837년에 오픈한 프라터는 베를린의 수많은 비어가르텐 중에서 가장 오래되고 전통 있는 곳이다. 날이 좋다면 야외 테이블에 앉아 시원하게 맥주 한잔하며 쉬어 가자. 무엇을 마실지 고민된다면 독일식 흑맥주 Schwarzbier를 시음해 볼 것을 추천. 곁들이기 좋은 다양한 지역 요리도 함께 맛볼 수 있다. 마우어 파크 플로마켓, 쿨투어브라우어라이Kulturbrauerei와 가깝다.

Berlin — Historic Bar

Historic

Bar

## 03.
## REDUTA JAZZ CLUB

### 레두타 재즈 클럽

Národní 20/
메트로 Národní třída 역 도보 2분
매일 19:00~01:00

많은 아티스트들이 공산주의 치하에서 탄압받던 시절인 1958년 프라하에 최초로 문을 연 재즈 클럽이자 프라하 재즈의 심장과 같은 곳. 수많은 체코의 유명 재즈 뮤지션들이 이곳을 거쳐 갔으며 빌 클린턴 대통령과 바츨라프 하벨 대통령이 다녀갔을 정도로 역사적인 명소이다. 재즈에 최적화된 음향 시설을 가지고 있으며 외투 보관소도 번듯하니 '원조'의 품격이 느껴진다.

Praha     Historic Bar

Historic

Bar

## 02.
## Le Caveau de la Huchette

# 르 까보 들 라 위셰뜨

5 Rue de la Huchette, 75005/
Saint-Michel 역에서 도보 1분
일~목 21:30~02:30, 금/토 21:30~04:00

영화 <라라랜드>의 도입부에 등장하며 인기몰이를 하고 있지만, 그렇게만 알고 있으면 서운하다. 1946년 생긴 파리의 첫 재즈 클럽이자 클로드 볼링, 빌 콜맨 등 세계적으로 유명한 재즈인들이 거쳐 간 곳. 500년이 넘은 건물 안 벽은 재즈인들의 사진이 장식하고 있다. 음료 한 잔 사 들고 지하로 내려가면 무엇을 상상하든 그 이상의 광경이 펼쳐진다. 수준급의 재즈 음악은 배경일 뿐, 짝을 지어 격렬하게 춤추는 사람들에게서 눈을 뗄 수가 없다.

Paris    Historic Bar

Historic Bar

# 01.
# Bar Hemingway

## 헤밍웨이 바

15 Place Vendôme, 75001/
Opéra 역에서 도보 5분
매일 18:00~02:00(예약 불가)

제1차 세계대전 당시 연합군의 일원이었던 헤밍웨이가 자주 와서 붙여진 헤밍웨이 바. 보석 상점들로 가득한 방돔 광장의 리츠Ritz 호텔 안 깊숙한 곳에 보물처럼 숨어 있지만, 꽤 유명하다. 고전적이면서 기품이 느껴지는 분위기는 헤밍웨이가 드나들었던 1944년도와 크게 바뀌지 않았다. 가장 유명한 칵테일은 세렌디피티Serendipity, 아니면 헤밍웨이처럼 마티니 한 잔. 호텔을 나서자마자 보이는 우아한 방돔 광장은 고요하고, 이를 밝히는 은은한 밤 조명은 보석보다 화려하다.

<u>Paris</u>     Historic Bar

Historic Bar

Germany : Berlin

# 3.

01. PRATER BIERGARTEN BERLIN 프라터 비어가르텐 베를린 P22 / 02. BRLO BRWHOUSE 브릴로 브루하우스 P40 / 03. CAFE AM NEUEN SEE BIERGARTEN 카페 암 노이엔 제 비어가르텐 P72

Netherlands : Amsterdam

# 5.

01. OEDIPUS BREWING 오이디푸스 브루어리 P32 / 02. DE BIERFABRIEK 비어파브릭 P34 / 03. BROUWERIJ 'T IJ 애이 브루어리 P36 / 04. BROUWERIJ DE PRAEL 프라얼 브루어리 P38 / 05. CRAFT & DRAFT 크래프트 앤 드래프트 P46

**United Kingdom : London**

# 10.

01. THE GEORGE INN 더 조지 인 P24 / 02. THE DOVE 더 도브 P26 / 03. YE OLDE MITRE 예 올드 마이터 P28 / 04. LONDON FIELDS BREWERY 런던 필즈 브루어리 P42 / 05. THE WINEMAKERS CLUB 더 와인메이커스 클럽 P56 / 06. THE REMEDY WINE BAR & KITCHEN 더 레메디 와인 바 앤 키친 P58 / 07. THE 10 CASES 더 10 케이스 P60 / 08. TERROIRS 테루아 P62 / 09. SAGER + WILDE 세이저 앤 와일드 P96 / 10. NOBLE ROT 노블 랏 P98

## Czech : Praha

# 16.

01. REDUTA JAZZ CLUB 레두타 재즈 클럽 P20 / 02. BEERGEEK BAR 비어 기크 바 P48 / 03. U KUNŠTÁTŮ 우 쿤슈타투 P50 / 04. MALÝ/VELKÝ 말리 벨키 P52 / 05. VINÁRNA BOKOVKA 보코브카 P54 / 06. HEMINGWAY BAR 헤밍웨이 바 P80 / 07. CASH ONLY BAR 캐시 온리 바 P82 / 08. KOZLOVNA TYLÁK 코즐로브나 틸락 P86 / 09. KOLKOVNA OLYMPIA 콜코브나 올림피아 P88 / 10. POTREFENÁ HUSA PLATNÉŘSKÁ 포트레페나 후사 플랏네르즈스카 P90 / 11. L'FLEUR MIXOLOGY & CHAMPAGNE BAR 르 플뢰르 바 P92 / 12. BERNARD PUB ANDĚL 베르나르드 펍 안델 P94 / 13. JAZZDOCK 재즈독 P108 / 14. AGHARTA 아가르타 P110 / 15. U MALÉHO GLENA 우 말레호 글레나 P112 / 16. JAZZ REPUBLIC 재즈 리퍼블릭 P114

France : Paris

# 16.

01. BAR HEMINGWAY 헤밍웨이 바 P16 / 02. LE CAVEAU DE LA HUCHETTE 르 까보 들 라 위셰뜨 P18 / 03. MICRO BRASSERIE BALTHAZAR 미크로 브라스리 발타자 P30 / 04. LA FINE MOUSSE 라 핀 무스 P44 / 05. LE TERRASSE DU RAPHAEL 라파엘 호텔 테라스 바 P64 / 06. HÔTEL DE l'ABBAYE 아베이 호텔 정원 바 P66 / 07. LE GEORGES 르 조흐쥬 P68 / 08. TERRASS" HOTEL ROOFTOP BAR 테라스 호텔 루프톱 바 P70 / 09. LE PERCHOIR MARAIS 르 뻬흐슈아 마레 P74 / 10. LE PERCHOIR 르 뻬흐슈아 P76 / 11. LES TROIS 8 레 트후와 위뜨 P78 / 12. LES BERTHOM 레 베흐똥 P84 / 13. LE CAVEAU DES OUBLIETTES 르 까보 데 쥬블리에뜨 P100 / 14. AU LAPIN AGILE 오 라팽 아질 P102 / 15. SUNSET SUNSIDE 선셋 선사이드 P104 / 16. CAFÉ H 카페 아슈 P106

Contents

지구상에 인류가 존재한 후로 술은 언제나 함께였다. 봉밀주(꿀술)는 문자의 개념이 생기기도 전인 기원전 1만 4000년 전부터 존재한 것으로 알려지며, 중국의 가호 유적지에서 발굴한 토기에서는 기원전 7000년 전에 마셨던 양조주 성분이 검출됐다. 고고학적으로는 이것이 가장 오래된 술의 기록으로 인정받는다. 이처럼 술의 역사는 인간의 역사와 함께 발전해 왔다. 희로애락의 순간, 가장 가까이에서 인간을 위로하며.

'술'은 이제 단순히 마실 것에서 벗어나 술을 마시는 공간과 함께 그 사회의 일면을 보여주는 하나의 요소로 자리 잡았다. 특산 술로 그곳의 지형적 특성을 읽을 수 있음은 물론, 로컬들이 술을 즐기는 스타일을 보면 그들의 커뮤니케이션 방식과 라이프스타일까지도 엿볼 수 있다.

<바 인[!n] 유럽>은 유럽의 바와 펍을 총 여섯 가지 카테고리로 나누어 소개한다. 역사적인 공간, 혹은 유명인사와 연관된 바부터 개성 있는 소량 생산 맥주로 승부하는 브루어리, 훌륭한 셀렉션으로 인정받는 바, 로맨틱한 도시의 전경 또는 아름다운 정원을 즐길 수 있는 바, 실력이 좋기로 정평이 난 바 & 펍, 그리고 음악이 흐르는 뮤직 바까지. <바 인[!n] 유럽>이 제시하는 다양한 바와 펍을 통해 유러피안의 일상과 진솔한 내면을 들여다보자.

**Writers**
Yonshil Lee
Dahye Yoon
Miyoung Ahn
Bitna Oh
Noh-Young Park

**Publisher**
Minji Song

**Managing Director**
Changsoo Han

**Editors**
Jeneung Kang
Hyeju Park

**Designers**
Youngkwang Kim
JiHye Kim

**Marketing & PR**
Daejin Oh

**Publishing**
Pygmalion

**Brand**
easy&books
easy&books는 도서출판 피그마리온의
여행 출판 브랜드입니다.

ISBN 979-11-85831-95-4
ISBN 979-11-85831-92-3 (세트)

등록번호 제313-2011-71호 등록일자 2009년 1월 9일
초판 1쇄 발행일 2020년 4월 20일

서울시 영등포구 선유로 55길 11, 4층 TEL 02-516-3923
www.easyand.co.kr

EASY & BOOKS

Copyright © EASY&BOOKS
EASY&BOOKS와 저자가 이 책에 관한 모든 권리를 소유합니다.
본사의 동의 없이 이 책에 실린 글과 사진, 그림 등을 사용할 수 없습니다.

**Bar !n Europe**

바 인[!n] 유럽